AF201097

school - la escuela	2
travel - el viaje	5
transport - el transporte	8
city - la ciudad	10
landscape - el paisaje	14
restaurant - el restaurante	17
supermarket - el supermercado	20
drinks - las bebidas	22
food - la comida	23
farm - la granja	27
house - la casa	31
living room - la estancia	33
kitchen - la cocina	35
bathroom - el baño	38
kids room - la recámara de los niños	42
clothing - la ropa	44
office - la oficina	49
economy - la economía	51
occupations - las ocupaciones	53
tools - las herramientas	56
musical instruments - los instrumentos musicales	57
zoo - el zoológico	59
sports - los deportes	62
activities - las actividades	63
family - la familia	67
body - el cuerpo	68
hospital - el hospital	72
emergency - la emergencia	76
earth - la tierra	77
clock - el reloj	79
week - la semana	80
year - el año	81
shapes - las formas	83
colors - colores	84
opposites - los opuestos	85
numbers - los números	88
languages - los idiomas	90
who / what / how - quién / qué / cómo	91
where - dónde	92

Impressum
Verlag: BABADADA GmbH, Nedderfeld 112 , 22529 Hamburg
Geschäftsführer / Verlagsleitung: Harald Hof
Druck: Books on Demand GmbH, In de Tarpen 42, 22848 Norderstedt

Imprint
Publisher: BABADADA GmbH, Nedderfeld 112 , 22529 Hamburg, Germany
Managing Director / Publishing direction: Harald Hof
Print: Books on Demand GmbH, In de Tarpen 42, 22848 Norderstedt

classroom
el salón de clases

divide
dividir

186/2

board
el pizarrón

school yard
el patio

teacher
el maestro

paper
el papel

write
escribir

pen
el bolígrafo

desk
el escritorio

ruler
la regla

book
el libro

pupil
el alumno

satchel

la mochila

pencil case

la caja de lápices

pencil

el lápiz

pencil sharpener

el sacapuntas

rubber

la goma de borrar

drawing pad

el bloc de dibujo

drawing
el dibujo

paintbrush
el pincel

paint box
la caja de lápices de color

scissors
las tijeras

glue
el pegamento

exercise book
el libro de ejercicios

homework
la tarea

number
el número

add
sumar

subtract
restar

multiply
multiplicar

calculate
calcular

letter
la letra

alphabet
el alfabeto

word
la palabra

text

el texto

read

leer

chalk

la tiza

lesson

la lección

register

el cuaderno de clase

examination

el examen

certificate

el certificado

school uniform

el uniforme

education

la educación

encyclopedia

la enciclopedia

university

la universidad

microscope

el microscopio

map

el mapa

waste-paper basket

el bote de basura

hotel
el hotel

hostel
el hostel

currency exchange office
la casa de cambio

suitcase
la maleta

car
el carro

language
el idioma

yes / no
sí / no

Okay
Órale

hello
hola

translator
el traductor

Thank you
Gracias

how much is...?

¿cuánto cuesta...?

I don´t get it

No entiendo

problem

el problema

Good evening!

¡Buenas tardes!

Good morning!

¡Buenos días!

Good night!

¡Buenas noches!

goodbye

adiós

direction

la dirección

luggage

el equipaje

bag

la bolsa

backpack

la mochila

guest

el invitado

room

la recámara

sleeping bag

la bolsa de dormir

tent

la tienda de campaña

tourist information

la información turística

beach

la playa

credit card

la tarjeta de crédito

breakfast

el desayuno

lunch

el almuerzo

dinner

la cena

Ticket

el billete

elevator

el ascensor

stamp

el sello

border

la frontera

customs

la aduana

embassy

la embajada

visa

la visa

passport

el pasaporte

travel - el viaje

el transporte

airplane
el avión

ship
el barco

fire truck
el camión de bomberos

bus
el autobús

truck
el camión

motorboat
la lancha a motor

bike
la bicicleta

car
el carro

ferry

el ferry

boat

el bote

motorbike

la motocicleta

police car

la patrulla

racing car

el coche de carreras

rental car

el auto para rentar

car sharing

la renta de autos

tow truck

la grúa

garbage truck

el camión recolector de basura

engine

el motor

fuel

la gasolina

fuel station

la gasolinera

traffic sign

la señal de tráfico

traffic

el tránsito

traffic jam

el embotellamiento

parking lot

el aparcamiento

train station

la estación de tren

tracks

las vías

train

el tren

tram

el tranvía

wagon

el vagón

helicopter

el helicóptero

airport

el aeropuerto

tower

la torre

passenger

el pasajero

container

el contenedor

carton

la caja de cartón

cart

la carretilla

basket

la cesta

take off / land

despegar / aterrizar

city

la ciudad

village

el pueblo

city center

el centro de la ciudad

house

la casa

movie theater
el cine

advert
el anuncio

street light
el farol

CINEMA

street
la calle

taxi
el taxi

snack shop
la dulcería

pedestrian
el peatón

sidewalk
la banqueta

zebra crossing
el paso peatonal

dumpster
el bote de basura

crossing
el cruce

traffic lights
el semáforo

hut
la cabaña

apartment
el apartamento

train station
la estación de tren

city hall
el ayuntamiento

museum
el museo

school
la escuela

city - la ciudad

university

la universidad

bank

el banco

hospital

el hospital

hotel

el hotel

pharmacy

la farmacia

office

la oficina

book shop

la librería

shop

la tienda

flower shop

la florería

supermarket

el supermercado

market

el mercado

department store

las grandes tiendas

fishmonger's shop

la pescadería

mall

el centro comercial

harbor

el puerto

park
el parque

bench
el banco

bridge
el puente

stairs
las escaleras

subway
el metro

tunnel
el túnel

bus stop
la parada de autobús

bar
el bar

restaurant
el restaurante

postbox
el buzón

street sign
el letrero

parking meter
el parquímetro

zoo
el zoológico

swimming pool
la alberca

mosque
la mezquita

farm

la granja

pollution

la contaminación

cemetery

el cementerio

church

la iglesia

playground

el área de niños

temple

el templo

landscape

el paisaje

leaf
la hoja

signpost
la señal

path
el camino

meadow
la pradera

stone
la piedra

hiker
el caminante

tree
el árbol

river
el río

grass
el pasto

flower
la flor

valley

el valle

hill

la montaña

lake

el lago

forest

el bosque

desert

el desierto

volcano

el volcán

castle

el castillo

rainbow

el arco iris

mushroom

el champiñón

palm tree

la palmera

mosquito

el mosquito

fly

la mosca

ant

la hormiga

bee

la abeja

spider

la araña

beetle

el escarabajo

frog

la rana

squirrel

la ardilla

hedgehog

el erizo

hare

la liebre

owl

la lechuza

bird

el pájaro

swan

el cisne

boar

el jabalí

deer

el ciervo

moose

el alce

dam

el embalse

wind turbine

la turbina eólica

solar panel

el panel solar

climate

el clima

waiter
el camarero

menu
el menú

chair
la silla

soup
la sopa

pizza
la pizza

cutlery
los cubiertos

tablecloth
el mantel

starter
la entrada

main course
el plato fuerte

dessert
el postre

drinks
las bebidas

food
la comida

bottle
la botella

fast food

la comida rápida

street food

la comida de la calle

teapot

la tetera

sugar bowl

la azucarera

portion

la porción

espresso machine

la cafetera espresso

high chair

la periquera

bill

la cuenta

tray

la charola

knife

el cuchillo

fork

el tenedor

spoon

la cuchara

teaspoon

la cuchara de té

serviette

la servilleta

glass

el vaso

plate

el plato

soup plate

el plato hondo

saucer

el plato

sauce

la salsa

salt shaker

el salero

pepper mill

el molino para pimienta

vinegar

el vinagre

oil

el aceite

spices

las especias

ketchup

el kétchup

mustard

la mostaza

mayonnaise

la mayonesa

supermarket
el supermercado

special offer
la oferta especial

customer
el cliente

dairy products
los productos lácteos

fruit
la fruta

shopping cart
el carrito para compras

butcher's shop

la carnicería

bakery

la panadería

weigh

pesar

vegetables

los vegetales

meat

la carne

frozen food

los alimentos congelados

cold cuts
las carnes frías

canned food
los alimentos enlatados

detergent
el detergente en polvo

candy
los dulces

household products
los electrodomésticos

cleaning products
productos de limpieza

sales representative
la vendedora

cash register
la caja

cashier
el cajero

shopping list
la lista de compras

opening hours
el horario de atención al público

wallet
la cartera

credit card
la tarjeta de crédito

bag
la bolsa

plastic bag
la bolsa de plástico

las bebidas

water
....
el agua

juice
....
el jugo

milk
....
la leche

coke
....
el refresco de cola

wine
....
el vino

beer
....
la cerveza

alcohol
....
el alcohol

cocoa
....
el cacao

tea
....
el té

coffee
....
el café

espresso
....
el espresso

cappuccino
....
el cappuccino

banana

el plátano

apple

la manzana

orange

la naranja

melon

el melón

lemon

el limón

carrot

la zanahoria

garlic

el ajo

bamboo

el bambú

onion

la cebolla

mushroom

el champiñón

nuts

las nueces

noodles

los fideos

spaghetti

los espaguetis

rice

el arroz

salad

la ensalada

fries

las patatas fritas

fried potatoes

las patatas fritas

pizza

la pizza

hamburger

la hamburguesa

sandwich

el emparedado

escalope

el filete

ham

el jamón

salami

el salami

sausage

la salchicha

chicken

el pollo

roast

el asado

fish

el pescado

porridge oats

los copos de avena

muesli

el muesli

cornflakes

los copos de maíz

flour

la harina

croissant

el cuernito

bread roll

el bolillo

bread

el pan

toast

la tostada

cookies

las galletas

butter

la mantequilla

curd

la cuajada

cake

el pastel

egg

el huevo

fried egg

el huevo frito

cheese

el queso

ice cream

el helado

sugar

el azúcar

honey

la miel

jelly

la mermelada

nougat cream

la crema de chocolate

curry

el curry

farm house
la granja

barn
el granero

straw bale
una paca de paja

field
el campo

horse
el caballo

trailer
el remolque

foal
el potro

tractor
el tractor

donkey
el burro

lamb
el cordero

sheep
la oveja

goat

la cabra

cow

la vaca

calf

el ternero

pig

el cerdo

piglet

el lechón

bull

el toro

goose

el ganso

duck

el pato

chick

el pollo

hen

la gallina

cockerel

el gallo

rat

la rata

cat

el gato

mouse

el ratón

ox

el buey

dog

el perro

dog house

la casa del perro

garden hose

la manguera

watering can

la regadera

scythe

la guadaña

plow

el arado

sickle

la hoz

hoe

el azadón

pitchfork

la horquilla

axe

el hacha

pushcart

la carretilla

trough

el bebedero

milk can

el bote de leche

sack

el saco

fence

la valla

stable

el establo

greenhouse

el invernadero

soil

el suelo

seed

la semilla

fertilizer

el fertilizador

combine harvester

la cosechadora

harvest

cosechar

harvest

la cosecha

yams

el camote

wheat

el trigo

soya

la soja

potato

la patata

corn

el maíz

rapeseed

la semilla de colza

fruit tree

el árbol frutal

manioc

la mandioca

grain

las cereales

chimney
la chimenea

roof
el tejado

downspout
el canalón

window
la ventana

garage
el garaje

doorbell
el timbre

door
la puerta

trash can
el bote de basura

mailbox
el buzón

garden
el jardín

living room

la estancia

bathroom

el baño

kitchen

la cocina

bedroom

la recámara

kids room

la recámara de los niños

dining room

el comedor

floor

el suelo

wall

la pared

ceiling

el techo

cellar

el sótano

sauna

el sauna

balcony

el balcón

terrace

la terraza

pool

la alberca

lawn mower

el cortacésped

sheet

la sábana

bedspread

la colcha

bed

la cama

broom

la escoba

bucket

el balde

switch

el interruptor

wallpaper
el papel para empapelar

picture
la imagen

lamp
la lámpara

shelf
el estante

cabinet
la alacena

fireplace
la chimenea

television
la televisión

flower
la flor

cushion
el cojín

sofa
el sofá

vase
el florero

remote control
el control remoto

carpet
la alfombra

drape
la cortina

table
la mesa

chair
la silla

rocking chair
la mecedora

armchair
el sillón

book

el libro

blanket

la frazada

decoration

la decoración

firewood

la leña

film

la película

stereo system

el equipo de música

key

la llave

newspaper

el periódico

painting

la pintura

poster

el póster

radio

la radio

notebook

el cuaderno

vacuum cleaner

la aspiradora

cactus

el cactus

candle

la vela

fridge
el refrigerador

microwave oven
el microondas

kitchen scales
la báscula de cocina

toaster
la tostadora

laundry detergent
el detergente

stove
el horno

freezer
el congelador

trash can
el bote de basura

dishwasher
el lavavajillas

cooker
....
la olla a presión

pot
....
la olla

cast-iron pot
....
la olla de hierro fundido

wok / kadai
....
el wok

pan
....
la sartén

kettle
....
el hervidor

steamer

la vaporera

baking tray

la charola de horno

crockery

la loza

mug

la taza

bowl

el bol

chopsticks

los palillos

ladle

el cucharón

spatula

la espátula

whisk

la batidora

strainer

el colador

sieve

el colador

grater

el rallador

mortar

el mortero

barbecue

la barbacoa

fireplace

la fogata

chopping board
la tabla para picar

rolling pin
el rodillo para amasar

corkscrew
el sacacorchos

can
la lata

can opener
el abrelatas

oven cloth
el guante de cocina

sink
el fregadero

brush
el cepillo

sponge
la esponja

blender
la batidora

deep freezer
el congelador

baby bottle
el biberón

tap
la llave

kitchen - la cocina

heating
la calefacción

shower
la ducha

towel
la toalla

shower curtain
la cortina de la ducha

bubble bath
el baño de espuma

bathtub
la tina

glass
el vaso

washing machine
la lavadora

tap
la llave

tiles
las baldosas

potty
la bacinica

sink
el fregadero

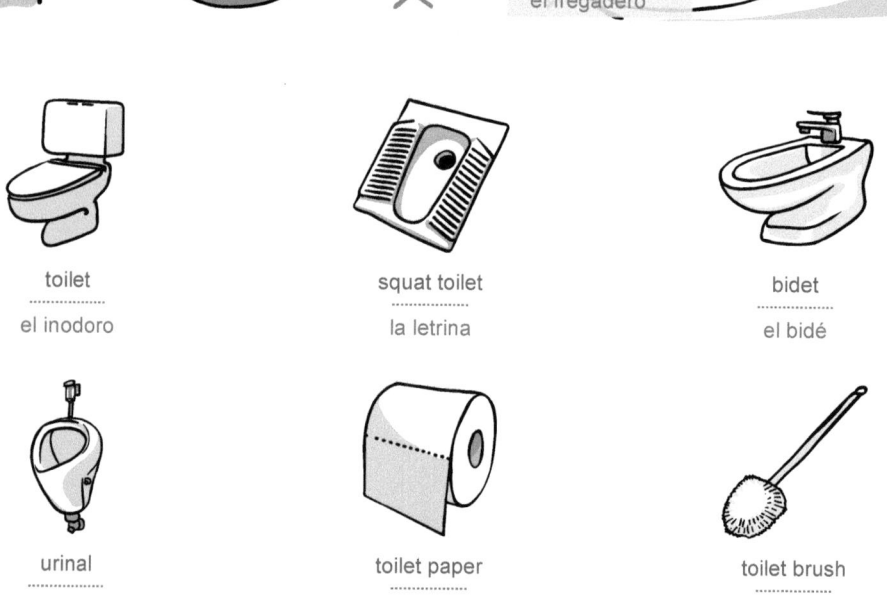

toilet	squat toilet	bidet
el inodoro	la letrina	el bidé

urinal	toilet paper	toilet brush
el mingitorio	el papel higiénico	el cepillo para baño

toothbrush

el cepillo de dientes

toothpaste

la pasta dental

dental floss

el hilo dental

wash

lavar

hand shower

la ducha de mano

douche

la ducha vaginal

basin

el fregadero

back brush

el cepillo de espalda

soap

el jabón

shower gel

el gel de ducha

shampoo

el champú

flannel

la toallita

drain

el drenaje

creme

la crema

deodorant

el desodorante

mirror

el espejo

hand mirror

el espejo de tocador

razor

la máquina para afeitar

shaving foam

la espuma de afeitar

aftershave

la loción para después de afeitar

comb

el peine

brush

el cepillo

hair-dryer

la secadora

hairspray

la laca

makeup

el maquillaje

lipstick

el lápiz labial

nail varnish

el esmalte para uñas

cotton wool

el algodón

nail scissors

las tijeras para uñas

perfume

el perfume

washbag

el estuche para cosméticos

stool

el taburete

weighing scales

la báscula

bathrobe

la bata

rubber gloves

los guantes de goma

tampon

el tampón

sanitary towel

la toalla sanitaria

chemical toilet

el baño móvil

alarm clock
el despertador

cuddly toy
el peluche

toy car
el carro de juguete

rattle
la sonaja

doll's house
la casa de muñecas

present
el regalo

balloon
el globo

bed
la cama

stroller
la carriola

deck of cards
las cartas

jigsaw
el rompecabezas

comic
el cómic

lego bricks

las piezas de lego

toy blocks

los bloques para jugar

action figure

la figura de acción

romper suit

el mameluco

frisbee

el frisbee

mobile

el móvil para bebés

board game

el juego de mesa

dice

los dados

model train set

el tren eléctrico

pacifier

el maniquí

party

la fiesta

picture book

el álbum de fotos

ball

el balón

doll

la muñeca

play

jugar

sandpit

el arenero

swing

el columpio

toys

los juguetes

video game console

la consola de videojuegos

tricycle

el triciclo

teddy bear

el oso de peluche

wardrobe

el clóset

clothing

la ropa

socks

los calcetines

stockings

las pantimedias

tights

las mallas

scarf
la bufanda

belt
el cinto

umbrella
el paraguas

t-shirt
la playera

sneakers
los tenis

boots
las botas

slippers
las chanclas

sandals

las sandalias

shoes

los zapatos

rubber boots

las botas de goma

underwear

la ropa interior

bra

el brasier

undershirt

el chaleco

body

el body

pants

los pantalones

jeans

los pantalones de mezclilla

skirt

la falda

blouse

la blusa

shirt

la camisa

pullover

el suéter

sweater

la sudadera

blazer

el saco sport

jacket

la chamarra

coat

el abrigo

raincoat

el impermeable

costume

el traje

dress

el vestido

wedding dress

el vestido de novia

suit
el traje

nightgown
el camisón

pajamas
el pijama

sari
el sari

headscarf
el pañuelo para la cabeza

turban
el turbante

burka
la burka

kaftan
el caftán

abaya
la abaya

swimsuit
el traje de baño

trunks
el short de baño

shorts
los shorts

tracksuit
los pants

apron
el delantal

gloves
los guantes

button

el botón

glasses

las gafas

bracelet

el brazalete

necklace

el collar

ring

el anillo

earring

el arete

cap

la gorra

coat hanger

el gancho

hat

el sombrero

tie

la corbata

zip

el cierre

helmet

el casco

braces

los tirantes

school uniform

el uniforme

uniform

el uniforme

bib

el babero

pacifier

el maniquí

diaper

el pañal

server
el servidor

filing cabinet
el archivo

printer
la impresora

monitor
el monitor

paper
el papel

desk
el escritorio

mouse
el mouse

folder
la carpeta

keyboard
el teclado

waste-paper basket
el bote de basura

chair
la silla

computer
la computadora

coffee mug

la taza de café

calculator

la calculadora

internet

el internet

laptop
la notebook

letter
la carta

message
el mensaje

cell phone
el móvil

network
la red

photocopier
la fotocopiadora

software
el software

telephone
el teléfono

plug socket
el tomacorriente

fax machine
el fax

form
el formulario

document
el documento

buy

comprar

pay

pagar

trade

hacer negocios

money

el dinero

dollar

el dólar

euro

el euro

yen

el yen

rouble

el rublo

Swiss franc

el franco suizo

renminbi yuan

el yuan

rupee

la rupia

cash point

el cajero automático

currency exchange office

la casa de cambio

gold

el oro

silver

la plata

oil

el petróleo

energy

la energía

price

el precio

contract

el contrato

tax

el impuesto

stock

la acción

work

trabajar

employee

el empleado

employer

el empleador

factory

la fábrica

shop

la tienda

police officer
el policía

fireman
el bombero

cook
el cocinero

doctor
el médico

pilot
el piloto

gardener
el jardinero

carpenter
el carpintero

seamstress
la costurera

judge
el juez

chemist
el farmacéutico

actor
el actor

bus driver

el conductor de autobús

taxi driver

el taxista

fisherman

el pescador

cleaning lady

la señora de la limpieza

roofer

el instalador de techos

waiter

el camarero

hunter

el cazador

painter

el pintor

baker

el panadero

electrician

el electricista

builder

el obrero

engineer

el ingeniero

butcher

el carnicero

plumber

el plomero

postman

el cartero

soldier

el soldado

architect

el arquitecto

cashier

el cajero

florist

el florista

hairdresser

el peluquero

conductor

el cobrador

mechanic

el mecánico

captain

el capitán

dentist

el dentista

scientist

el científico

rabbi

el rabino

imam

el imán

monk

el monje

pastor

el sacerdote

hammer
el martillo

pliers
la pinza

screwdriver
el desarmador

wrench
la llave

torch
la linterna

excavator

la excavadora

toolbox

la caja de herramientas

ladder

la escalera de mano

saw

la sierra

nails

los clavos

drill

el taladro

repair
reparar

shovel
la pala

Damn!
¡Maldición!

dustpan
el recogedor

paint can
el bote de pintura

screws
los tornillos

musical instruments
los instrumentos musicales

loud speaker
el altavoz

drum set
la batería

guitar
la guitarra

double bass
el contrabajo

trumpet
la trompeta

piano

el piano

violin

el violín

bass

el bajo

timpani

los timbales

drums

el tambor

keyboard

el teclado

saxophone

el saxofón

flute

la flauta

microphone

el micrófono

musical instruments - los instrumentos musicales

tiger
el tigre

entrance
la entrada

cage
la jaula

zebra
la cebra

animal feed
el alimento para animales

panda
el oso panda

animals

los animales

elephant

el elefante

kangaroo

el canguro

rhino

el rinoceronte

gorilla

el gorila

bear

el oso

camel

el camello

ostrich

el avestruz

lion

el león

monkey

el mono

flamingo

el flamenco

parrot

el loro

polar bear

el oso polar

penguin

el pingüino

shark

el tiburón

peacock

el pavo real

snake

la serpiente

crocodile

el cocodrilo

zookeeper

el guardián de zoológico

seal

la foca

jaguar

el jaguar

pony
....
el poni

leopard
....
el leopardo

hippo
....
el hipopótamo

giraffe
....
la jirafa

eagle
....
el águila

boar
....
el jabalí

fish
....
el pescado

turtle
....
la tortuga

walrus
....
la morsa

fox
....
el zorro

gazelle
....
la gacela

American football
el fútbol americano

cycling
el ciclismo

tennis
el tenis

basketball
el baloncesto

swimming
la natación

boxing
el boxeo

ice hockey
el hockey sobre hielo

soccer
el fútbol

badminton
el bádminton

athletics
el atletismo

handball
el handball

skiing
el esquí

polo
el polo

jump
saltar

laugh
reír

hug
abrazar

walk
caminar

sing
cantar

dream
soñar

pray
rezar

kiss
besar

write

escribir

draw

dibujar

show

mostrar

push

empujar

give

dar

take

tomar

have

tener

do

hacer

be

ser

stand

estar parado

run

correr

pull

jalar

throw

arrojar

fall

caer

lie

estar acostado

wait

esperar

carry

llevar

sit

estar sentado

get dressed

vestirse

sleep

dormir

wake up

despertar

look at

mirar

cry

llorar

stroke

acariciar

comb

peinar

talk

hablar

understand

entender

ask

preguntar

listen

escuchar

drink

beber

eat

comer

tidy up

ordenar

love

amar

cook

cocinar

drive

conducir

fly

volar

sail

navegar

calculate

calcular

read

leer

learn

aprender

work

trabajar

marry

casarse

sew

coser

brush teeth

cepillarse los dientes

kill

matar

smoke

fumar

send

enviar

activities - las actividades

grandmother
la abuela

grandfather
el abuelo

father
el padre

mother
la madre

baby
el bebé

daughter
la hija

son
el hijo

guest

el invitado

aunt

la tía

uncle

el tío

brother

el hermano

sister

la hermana

forehead
la frente

eye
el ojo

shoulder
el hombro

finger
el dedo

face
la cara

chin
la barbilla

hand
la mano

breast
el pecho

leg
la pierna

arm
el brazo

baby

el bebé

man

el hombre

woman

la mujer

girl

la niña

boy

el niño

head

la cabeza

back
la espalda

belly
la barriga

navel
el ombligo

toe
el dedo del pie

heel
el talón

bone
el hueso

hip
la cadera

knee
la rodilla

elbow
el codo

nose
la nariz

buttocks
las pompis

skin
la piel

cheek
la mejilla

ear
el oído

lip
el labio

mouth

la boca

tooth

el diente

tongue

la lengua

brain

el cerebro

heart

el corazón

muscle

el músculo

lung

el pulmón

liver

el hígado

stomach

el estómago

kidneys

los riñones

sex

el sexo

condom

el condón

ovum

el óvulo

semen

el semen

pregnancy

el embarazo

body - el cuerpo

menstruation
....
la menstruación

vagina
....
la vagina

penis
....
el pene

eyebrow
....
la ceja

hair
....
el cabello

neck
....
el cuello

body - el cuerpo

hospital
el hospital

ambulance
la ambulancia

wheelchair
la silla de ruedas

fracture
la fractura

doctor

el médico

emergency room

la sala de emergencias

nurse

la enfermera

emergency

la emergencia

unconscious

inconsciente

pain

el dolor

injury

la lesión

bleeding

la hemorragia

heart attack

el infarto

stroke

el accidente
cerebrovascular

allergy

la alergia

cough

la tos

fever

la fiebre

flu

la gripa

diarrhea

la diarrea

headache

el dolor de cabeza

cancer

el cáncer

diabetes

la diabetes

surgeon

el cirujano

scalpel

el bisturí

operation

la operación

CT
TC

x-ray
los rayos x

ultrasound
el ultrasonido

face mask
la mascarilla

disease
la enfermedad

waiting room
la sala de espera

crutch
la muleta

plaster
la vendita

bandage
el vendaje

injection
la inyección

stethoscope
el estetoscopio

stretcher
la camilla

clinical thermometer
el termómetro

birth
el nacimiento

overweight
el sobrepeso

hearing aid
el audífono

disinfectant
el desinfectante

infection
la infección

virus
el virus

HIV / AIDS
VIH / SIDA

medicine
la medicina

vaccination
la vacunación

tablets
las tabletas

pill
la pastilla anticonceptiva

emergency call
la llamada de emergencia

blood pressure monitor
el medidor de presión

ill / healthy
enfermo / sano

Help!

¡Socorro!

alarm

la alarma

assault

la agresión

attack

el ataque

danger

el peligro

emergency exit

la salida de emergencia

Fire!

¡Fuego!

fire extinguisher

el extintor de incendios

accident

el accidente

first-aid kit

el botiquín de primeros
auxilios

SOS

SOS

police

la policía

Europe

Europa

North America

Norteamérica

South America

Sudamérica

Africa

África

Asia

Asia

Australia

Australia

Atlantic

el Atlántico

Pacific

el Pacífico

Indian Ocean

el Océano Índico

Antarctic Ocean

el Océano Antártico

Arctic Ocean

el Océano Ártico

North pole

el polo norte

South pole

el polo sur

Antarctica

la Antártida

earth

la tierra

land

la tierra

sea

el mar

island

la isla

nation

la nación

state

el estado

clock face

la esfera

hour hand

la manecilla de las horas

minute hand

el minutero

second hand

el segundero

What time is it?

¿Qué hora es?

day

el día

time

la hora

now

ahora

digital watch

el reloj digital

minute

el minuto

hour

la hora

Monday / lunes
Wednesday / miércoles
Friday / viernes
Tuesday / martes
Thursday / jueves
Saturday / sábado
Sunday / domingo

yesterday

ayer

today

hoy

tomorrow

mañana

morning

la mañana

noon

el mediodía

evening

la tarde

workdays

los días laborables

weekend

el fin de semana

rain
la lluvia

rainbow
el arco iris

wind
el viento

snow
la nieve

spring
la primavera

summer
el verano

fall
el otoño

winter
el invierno

weather forecast
....
el pronóstico del tiempo

thermometer
....
el termómetro

sunshine
....
el sol

cloud
....
la nube

fog
....
la niebla

humidity
....
la humedad

lightning

el rayo

thunder

el trueno

storm

la tormenta

hail

el granizo

monsoon

el monzón

flood

la inundación

ice

el hielo

January

enero

February

febrero

March

marzo

April

abril

May

mayo

June

junio

July

julio

August

agosto

September
....
septiembre

October
....
octubre

November
....
noviembre

December
....
diciembre

shapes

las formas

circle
....
el círculo

square
....
el cuadrado

rectangle
....
el rectángulo

triangle
....
el triángulo

sphere
....
la esfera

cube
....
el cubo

colors
colores

white
blanco

yellow
amarillo

orange
naranja

pink
rosa

red
rojo

purple
morado

blue
azul

green
verde

brown
marrón

gray
gris

black
negro

a lot / a little

mucho / poco

angry / calm

enojado / tranquilo

beautiful / ugly

bonito / feo

beginning / end

principio / fin

big / small

grande / pequeño

bright / dark

claro / oscuro

brother / sister

el hermano / la hermana

clean / dirty

limpio / sucio

complete / incomplete

completo / incompleto

day / night

el día / la noche

dead / alive

muerto / vivo

wide / narrow

ancho / angosto

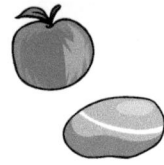

edible / inedible

comestible / no comestible

evil / kind

malo / amable

excited / bored

entusiasmado / aburrido

fat / thin

gordo / delgado

first / last

primero / último

friend / enemy

el amigo / el enemigo

full / empty

lleno / vacío

hard / soft

duro / blando

heavy / light

pesado / ligero

hunger / thirst

el hambre / la sed

ill / healthy

enfermo / sano

illegal / legal

ilegal / legal

intelligent / stupid

inteligente / tonto

left / right

izquierda / derecha

near / far

cerca / lejos

new / used

nuevo / usado

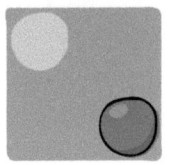

nothing / something

nada / algo

old / young

viejo / joven

on / off

encendido / apagado

open / closed

abierto / cerrado

quiet / loud

silencioso / ruidoso

rich / poor

rico / pobre

right / wrong

correcto / incorrecto

rough / smooth

áspero / suave

sad / happy

triste / contento

short / long

corto / largo

slow / fast

lento / rápido

wet / dry

húmedo / seco

warm / cool

caliente / frío

war / peace

guerra / paz

0

zero

cero

1

one

uno

2

two

dos

3

three

tres

4

four

cuatro

5

five

cinco

6

six

seis

7

seven

siete

8

eight

ocho

9

nine

nueve

10

ten

diez

11

eleven

once

12

twelve

doce

13

thirteen

trece

14

fourteen

catorce

15

fifteen

quince

16

sixteen

dieciséis

17

seventeen

diecisiete

18

eighteen

dieciocho

19

nineteen

diecinueve

20

twenty

veinte

100

hundred

cien

1.000

thousand

mil

1.000.000

million

el millón

languages
los idiomas

English
....
el inglés

American English
....
el inglés americano

Chinese Mandarin
....
el chino mandarín

Hindi
....
el hindi

Spanish
....
el español

French
....
el francés

Arabic
....
el árabe

Russian
....
el ruso

Portuguese
....
el portugués

Bengali
....
el bengalí

German
....
el alemán

Japanese
....
el japonés

I
yo

you
tú

he / she / it
él / ella

we
nosotros

you
vosotros

they
ellos

who?
¿quién?

what?
¿qué?

how?
¿cómo?

where?
¿dónde?

when?
¿cuándo?

HELLO, I AM

name
el nombre

behind

detrás

in

en

in front of

delante de

over

por encima de

on

sobre

under

debajo de

beside

junto a

between

entre

place

el lugar